METHODE
DE
PLEIN CHANT
SELON
UN NOUVEAU
SYSTÊME,

Très-court, très-facile & très-sûr.

APPROUVE' PAR MESSIEURS
de l'Academie Royale des Sciences, &
par les plus habiles Muficiens de Paris.

Par M. ******* *Prêtre.*

A PARIS

Chez G. F. QUILLAU Fils, Imp. Jur. Lib.
de l'Univerfité, rue Galande, près la place
Maubert, à l'Annonciation.

M. DCC. XXVIII.

Avec Approbation & Privilege du Roy.

A MONSIEUR

LANGUET DE GERGY,

CURÉ DE S. SULPICE

DE PARIS,

ONSIEUR,

JE ne puis douter à present de la réuſſite de mon nouveau Syſtême; un Ouvrage qui vous plaît ne ſçau-

EPITRE.

roit manquer d'être approuvé ; le
Public soumettra sans répugnance
son jugement à l'étendue de vos lu-
mieres qui ne laissent rien échapper,
& se fera un plaisir de recevoir favorablement un Livre marqué au
coin de votre Approbation : La dé-
licatesse de votre goût m'est un sûr
garant que cette nouvelle Methode
est préferable à la premiere, & sa
simplicité que vous avez estimée,
& qui est une marque certaine de
la bonté d'un Systême, me fait es-
perer que celui-ci pourra prévaloir
à tous ceux qui ont déja paru pour
lever les difficultez qui se sont trou-
vées jusqu'à present dans la maniere d'apprendre le Chant. La prote-
ction, MONSIEUR, dont vous
voulez bien honorer cet Ouvrage,
lui servira de rempart contre tous
ceux qui voudroient l'attaquer.

EPITRE.

Quelle gloire pour lui de paroître sous un nom aussi célebre que le vôtre ! D'avoir pour azile l'une des plus grandes Maisons du Royaume, & pour défenseur l'héritier du sang & des vertus des plus fermes colonnes de l'Etat & de la Religion. Sans m'arrêter aux avantages que vous tirez du côté de votre illustre naissance, je ne pourrois ici, MONSIEUR, me dispenser de m'étendre sur un sujet qui fournit si abondamment de lui seul, & qui n'a pas besoin d'emprunter des secours étrangers, je veux dire, d'exposer les vertus qui vous sont propres, & que vous ne tenez que de vous-même : Je devrois ici parler de ce zele infatigable qui vous rend tout possible quand il s'agit de soutenir les interêts & la cause de Dieu : Quelle vaste carriere n'aurois-je pas à parcourir, si j'avois la liberté de dépeindre avec art, comment après avoir formé tant de temples vivans pour y faire habiter le S. Esprit, comme un autre Salomon, vous en avez enfin élevé à la gloire du Très-Haut un autre materiel, à la vérité, mais dont la beauté & la magnificence feront l'étonnement & l'admiration des siécles à venir ! Enfin quelle moisson s'offriroit à ma plume, s'il me falloit décrire cette charité ardente dont les favorables secours ne font point bornez dans l'étendue d'une Paroisse aussi immense que la vôtre, mais dont la Capitale de ce vaste Royaume, que dis-je, les Provinces les plus reculées ont ressenti des effets très-considerables dans les nécessitez les plus urgentes & dans les calamitez publiques. Mais votre

modeſtie qui fait tout l'ornement de
vos autres vertus n'attend point ſa
récompenſe d'un encens flateur qui
eſt toujours ſuſpeɛt, & quoique votre humilité ſoit à l'épreuve de tout,
elle ne pourroit cependant pas tenir
contre la plus foible louange ſans ſe
déconcerter. Le Seigneur pour la
gloire duquel vous avez entrepris
des choſes ſi merveilleuſes, ſçaura
donner le prix, non-ſeulement à ces
grandes aɛtions que nous connoiſſons;
mais encore à ces faits dignes d'un
Héros chrétien que vous avez été
ingenieux à ne pas expoſer au grand
jour. Et ſi, comme les enfans des
hommes, vous mettiez tout votre
bonheur à jouir d'une réputation
qu'ils veulent éterniſer ici bas,
quel vif ſentiment de joye ne gou-
teriez-vous pas, MONSIEUR,
de vous entendre louer & benir en

EPITRE.

tous lieux, de vous voir revivre
dans des cœurs sensibles qui garde-
ront un souvenir fidéle de tous les
bienfaits que vous leur avez si libé-
ralement dispensez, & d'être regar-
dé dans ce monde comme l'image
fidéle du Très-haut, qui met tout
son plaisir à combler de ses faveurs,
même les plus ingrats. Pour moi,
MONSIEUR, je suis trop heureux;
que l'honneur que j'ai de placer votre nom à la tête de cet Ouvrage ;
fasse connoître à tout le monde ma
reconnoissance, & me procure l'a-
vantage de vous marquer que per-
sonne n'est avec plus de vénération
& un plus profond respect,

MONSIEUR,

Votre très-humble &
très-obeissant servi-
teur * * * Prêtre.

PREFACE.

E toutes les prieres voca-
les ausquelles tout bon
Chrétien est obligé de
vaquer, il n'y en a point
à laquelle il doive assister avec
plus de soin qu'à celle qu'on ap-
pelle ordinairement le service public : C'est-là que les fidéles réu-
nis ensemble font violence, pour
ainsi dire à la justice de Dieu, &
font de saints efforts pour la flé-
chir & pour attirer sur toute l'E-
glise les secours qui lui sont nécessaires pour se fortifier contre

tous les ennemis dont elle est environnée.

Cette plaintive Tourterelle animée par l'esprit-Saint dans ses gémissemens ineffables, nous apprend à desirer les biens invisibles, à nous regarder comme des voyageurs qui pleurent & soupirent après leur patrie de laquelle ils se trouvent éloignez, afin d'être un jour ravis de joye de s'en voir en possession & d'y être enfin arrivez. Elle veut & nous ordonne après Jesus-Christ, d'être animez continuellement de cette esperance ferme, qui nous met *déja par avance*, comme dit saint Paul, [a] en possession des biens promis ; *nous sommes*, dit-il, *déja sauvez par l'esperance*. Toutes les prieres que l'Eglise met dans

[a] *Rom.* 8. *v.* 23.

la bouche des fidéles font remplies de ces defirs falutaires qui doivent animer toujours la priere, fi on veut éviter le reproche que Jefus-Chrift fera à ceux qui reffembleront à ces Juifs dont il difoit, *ce peuple m'honore du bout des lévres, mais leur cœur eft loin de moi.* En effet la priere n'eft autre chofe que le cri du cœur : quand le cœur eft muet, on a beau faire retentir fa voix, *on fe tait, & dès-lors qu'on ne defire point,* dit faint Auguftin, [b] *c'eft comme fi on ne prononçoit aucune parole.*

Les fidéles qui font donc touchez & animez par l'efprit de Dieu, doivent s'adonner entierement à cette fainte pratique avec ces difpofitions ; & comme le

[a] *Sur le Pfeaume* 118, *Sermon* 29.

chant Ecclesiastique fait sans con-
tredit la plus grande partie des
prieres publiques de l'Eglise, si
l'on veut s'unir à cette sainte
Mere pour chanter avec cœur les
louanges de Dieu, & si l'on de-
sire de faire dès ici bas le mini-
stere des Anges & des Esprits
bien-heureux, qui mettent tout
leur bonheur à louer & à benir le
Seigneur pendant toute une éter-
nité ; on doit suivre les Ecclesia-
stiques dans ces pieux exercices.

Il seroit donc à souhaiter sui-
vant l'intention de l'Eglise, que
tout fidéle fut instruit du chant,
afin qu'on n'entendît point comme il arrive souvent dans les as-
semblées Chrétiennes, des caco-
phonies & des voix discordantes
qui font naître du dégoût pour
l'Office Divin, dans l'ame de ceux

qui ne font point animez de cet
efprit de Dieu, *qui difcerne fes
enfans d'avec ceux du démon*, &
qui tranfporte jufques dans le ciel
ceux qui en font animez, au lieu
que les plus impies même fe laif-
fent attendrir & toucher lorfqu'ils
entendent chanter avec une dou-
ce mélodie les louanges du Seigneur. Les Saints Peres, & prin-
cipalement faint Auguftin nous
apprennent, que le chant Eccle-
fiaftique chanté fuivant les regles
eft un moyen très-efficace pour
infpirer & pour faire entrer dans
le cœur les veritez faintes qui font
mifes dans la bouche des fidéles.
Ce grand Evêque nous dit, que
même avant fa converfion, [a]
*il avoit été vivement penetré d'u-
ne fainte joye en entendant chanter*

[a] *Confeffions.*

PREFACE.

dans l'Eglise les Hymnes & les Can-
tiques à la louange de Dieu ; que
la vérité qui entroit dans ses oreil-
les s'étoit fait un chemin dans son
cœur, & qu'elle excitoit en lui des
mouvemens d'une dévotion extraor-
dinaire qui lui arrachoit des larmes
des yeux, & lui faisoit trouver
du soulagement & du plaisir dans
ces mêmes larmes.

C'est ce qui fait que dans ces
beaux siécles de l'Eglise la scien-
ce du chant n'étoit point negli-
gée ni regardée avec indifferen-
ce, & au contraire on la regar-
doit comme une occupation très-
importante. C'estpourquoi nous
voyons que saint Jerôme dans
une de ses Epîtres [a] qu'il écrit
à une sainte femme nommée Læ-
ta, conseille cette pieuse Dame

[a] La septiéme Epître.

PREFACE.

d'accoutumer sa fille, dès sa plus tendre jeuneße, à se lever la nuit pour réciter les Pseaumes & les prieres qui se faisoient dans ce temps-là, de chanter le matin des Hymnes, & d'être prête au combat comme étant enrôlée dans la milice de Jesus-Christ, à neuf heures, à midi, & à trois heures, & enfin après avoir allumé la lampe, d'offrir le sacrifice du soir. Il ne faut pas s'étonner si dans cet heureux temps l'Office Divin se faisoit avec tant de décence & avec un si bel ordre, puisqu'on prenoit soin d'instruire de ces saintes Cérémonies, les filles même dès l'âge le plus tendre.

Le peu que je viens de rapporter suffit pour faire connoître l'u-

---

* *C'est-à-dire Vêpres, qu'on appelloit dans ce temps l'Office des lampes.*

tilité du Chant, l'obligation où
tout fidéle eſt d'atteindre les
moyens néceſſaires pour parvenir
à ſa connoiſſance ; & c'eſt pour fa-
ciliter ces moyens , qu'on a in-
venté ce nouveau Syſtême qu'on
préſente au Public. Il y trouvera
une Methode courte & facile pour
ſe mettre en état de chanter les
pieces de Chant les plus difficiles
ſans aucune peine. Ce Syſtême
ne demande qu'une connoiſſance
exacte de la game ; ceux qui le li-
ront ſans prévention y trouve-
ront des ſecours qui les condui-
ront à ſurmonter toutes les difficultez de cette ſcience, à pouvoir la retenir avec facilité , &
enfin ils en ſeront d'autant plus
ſatisfaits, que cette nouvelle Methode ne leur peinera point ni la
vûe ni l'attention, & qu'elle le-

vera

vra toutes les difficultez qui se
trouvoient dans l'ancienne maniere d'apprendre le Chant. On
diminue par-là les dépenses exces-
sives qu'il falloit faire pour avoir
des livres de Chant très-exacts ;
on a la commodité de pouvoir porter dans la poche tout le Chant de
l'Eglise, puisque ce volume n'est
pas plus gros que le Breviaire Romain, malgré la quantité de livres qui y sont renfermez , qui
dans l'ancien Système étoient ré-
pandus en plusieurs volumes d'u-
ne grosseur énorme ; on met par-
là les Editeurs en état de pouvoir
travailler plus aisément à imprimer des piéces de Chant. 1°. En
ce qu'il ne leur faudra pas tant de
peine pour le connoître. 2°. En ce
qu'il leur faudra bien moins de
temps pour assembler les notes

B

ſelon ce Syſtême ; & enfin en ce qu'ils auront bien plûtôt fini leur édition. Quelle utilité ne procure-ra-t'on pas par-là à toutes les Egli-ſes , puiſqu'on les met à portée d'avoir à peu de frais les livres de Chant dont elles ont beſoin , & qui ſont uſez dans la plûpart mê-me des Cathedrales. Les femmes qui ont un peu plus de temps que les hommes, pourront aſſiſter aux Offices en ſuivant les Eccleſia-ſtiques, & par ce moyen nous ver-rons refleurir en quelque ſorte ces temps ſi beaux où tous les fidéles s'appliquoient entierement à ces ſaintes pratiques. Je m'étendrois plus au long ſur la préference qu'on doit donner à cette nou-velle Methode ſur l'ancienne ; mais la réponſe à une Critique qui a paru, & de laquelle l'Au-

teur s'eſt déſiſté, explique mieux
que je ne pourrois les avantages
de la nouvelle Methode ; on la
donne conjointement avec le Livre, ainſi on y pourra voir plus
au long combien ce Syſtême eſt
utile.

Il ſuffira de dire ici que l'expe-
rience que l'Auteur en a fait eſt
inconteſtable. Il a fait ſolfier cette
nouvelle maniere de chanter par
des enfans même, & il a vû qu'a-
vec un très-petit eſpace de temps
ils l'ont poſſedée entiérement.

J'ajouterai encore les témoi-
gnages de la validité & de la bonté du Syſtême nouveau, qui lui
ont été donnez publiquement par
Meſſieurs de l'Academie Royale
des Sciences, que toute la France ſçait n'approuver jamais que
des découvertes très-utiles ; &

ceux des plus habiles Maîtres de Mufique tant de la Cour que de la Ville dont le détail feroit trop long à rapporter, on peut voir leurs approbations dans la réponfe à la Critique. D'ailleurs l'empreffement que le Public a marqué pour avoir ce Livre, a lieu de nous faire conjecturer qu'il eft convaincu de la bonté & facilité de ce Syftême; on nous en a demandé des extrêmitez du Royaume; & les Miffionnaires pourront en porter dans toutes les parties du monde.

Tout le but de l'Auteur a été de procurer à chaque fidéle le moyen de s'acquitter envers Dieu de cette obligation où tout Chrétien eft, de prier fans ceffe à caufe du befoin que nous avons à chaque inftant du fecours toutpuiffant.

METHODE

DE

PLEIN CHANT,

*BEAUCOUP PLUS COURTE,
plus facile, & plus sûre à imprimer, à apprendre & à mettre
en pratique, que toutes celles qui
ont paru jusqu'à present.*

L E Chant est une liaison
de Tons, semi-Tons &
differens intervalles, qui
se forme de la voix hu-
maine, ou du son des Instru-
mens, en qui il affecte trois pro-

B iij

prietez ; fçavoir l'élévation , l'a-
baiffement & la demeure.

Pour fçavoir le Plein Chant ,
il faut apprendre trois chofes
feulement.

1°. A connoître les Notes. 2°.
A les chanter. 3°. A les chanter
avec la lettre.

❖❖❖❖❖❖❖❖❖❖❖❖❖ ❖❖❖❖❖❖❖❖❖❖❖❖❖

ARTICLE I.

De la connoiffance de la Note.

IL y a trois fortes de Notes fur
le ton defquelles la voix s'arrête différemment, faites de cette
forte, longue ❡ , moyenne ❡ , &
breve ❡. Les Notes ont differen-
te élévation & abaiffement de
voix, fçavoir de Tons , & femi-
Tons, lefquels femi-Tons arri-
vent du *mi* au *fa*, & du *fa* au *mi*,

du *la* au *za*, & du *za* au *la*, du *fi* à l'*ut*, & de l'*ut* au *fi*; & fe trouvant un, deux, ou même trois dans l'élévation ou abaiffement d'une tierce, quarte, quinte, fixte, ou octave, font que ces intervalles font mineurs plus ou moins.

Il y a encore des Notes de trois fortes d'octaves. 1°. De l'octave moyenne ainfi rondes ♦ qui regnent le plus fouvent dans le Chant; fçavoir lorfque la voix n'eft pas forcée de monter ou defcendre plus des fept Notes *ut*, *re*, *mi*, *fa*, *fol*, *la*, *fi*. 2°. De l'octave haute ainfi lozanges ♦ qui fuccedent aux Notes rondes, lorfque la voix eft obligée de furpaffer les fept Notes fufdites. 3°. De l'octave baffe ainfi carrées ♦ qui fuccedent aux Notes rondes,

B iiij

lorſque la voix eſt obligée de deſ-
cendre plus des ſept Notes ſuſ-
dites.

Il y a quatre differens agré-
mens, le bémol ainſi ♭; il rend le
Chant doux & fait prononcer le ſi
en za: le bécarre ♮; il rend le Chant
rude & regne toujours à l'abſence
du bémol; le Tremblement ainſi ×; & le Dieze ainſi *; ils ſont
tous mis devant leurs Notes.

Il y a quatre marques pour re-
prendre ſon haleine en chantant,
qui ſont une virgule ainſi, où l'on
s'arrête un peu, une virgule & un
point ainſi; où l'on s'arrête da-
vantage, les deux points ainſi:
où l'on s'arrête encore plus, & le
point ainſi. où l'on s'arrête tout-
à-fait.

ARTICLE II.

De la maniere de chanter la Note.

Remarquez que les Notes prennent leurs noms , forment les degrez conjoints & differens intervalles par les differens coins d'une page où leurs queues peuvent être tournées, & les élévations & abaissemens doubles selon l'étendue de la voix par les trois Notes des trois octaves , ce qui est tout essentiel au Chant & le constitue. Il n'y a qu'à solfier ce qui suit pour le comprendre facilement.

DEGREZ CONJOINTS.

Notes de trois octaves.

ELEVATION DOUBLE.

De la moyenne.   *De la haute.*

ut re mi fa ſol la ſi, ut re mi

fa ſol la ſi.

Abaiſſement double.

ſi la ſol fa mi re ut, ſi la ſol fa

mi re ut.

De l'octave baſſe.

ſi la ſol fa mi re ut.

Pour ſe former une voix ju-
ſte & n'entoner jamais aucune

piece de Chant, ni trop haut ni trop bas, & pour l'entoner tout de même, il n'y a qu'à ſuivre cette regle.

Aucune piece de Plein Chant ne ſurpaſſe ordinairement le *la* ♭ de l'octave haute, & le *la* ♮ de la baſſe; ainſi il faut partager l'étendue de ſa voix au *la* ♮ de l'octave moyenne, de ſorte qu'elle puiſſe s'étendre aux deux autres *la* en montant, & en deſcendant ainſi.

En montant à l'octave haute.

la ſi ut re mi fa ſol la.

En deſcendant.

la ſol fa mi re ut ſi la.

En deſcendant à l'octave baſſe.

la ſol fa mi re ut ſi la.

En montant.

la fi ut re mi fa fol la.

Lorfqu'on aura la voix formée
à ces deux octaves, il fera en-
fuite très-facile d'entoner une
piece de Chant par quelle Note
que ce foit qu'elle commence.

EXEMPLE.

Do mi nus.

fa　fol · la　parcequ'on
n'a qu'à defcendre fa voix depuis
le *la*, ainfi qu'on en a l'habitu-
de, au *fa* qui eft la premiere
Note de la piece *Do* fa &c. &
on entouera toujours jufte &
promptement, fans être obligé
de faire attention aux Tons, ni
à leurs finales & dominantes, par
ces exemples précedens· & ceux

qui fuivent, vous connoîtrez par-
faitement l'ordre des Notes foit
en montant & en defcendant.

Lorfqu'elles montent après une
Note de la même octave, enfuit
une fupérieure, exemple. Après
ut ◟, un re ◦ &c. ou de l'octave
haute, exemple. Après fi ◦, un ut ◟.

Lorfqu'elles defcendent après
une note de la même octave, en
fuit une inférieure, exemple.
Après re ◦ ut ◟, ou d'une octave
plus baffe, exemple. Après ut ◟
fi ◦, ut ◟ la ♮.

Les differens intervalles fui-
vans vous le feront facilement
comprendre.

DIFFERENS INTERVALLES.

Tierces en montant.

◟ ◦ ◞ , ◟ ◞ ; ◦ ◞ ◞ ,
ut re mi , ut mi ; re mi fa ,

re fa ; mi fa fol , mi fol ; fa fol la ,

fa la ; fol la fi , fol fi ; la fi ut ,

la ut ; fi ut re , fi re.

En defcendant.

re ut fi , re fi ; ut fi la , ut la ;

fi la fol , fi fol ; la fol fa , la fa ;

fol fa mi , fol mi ; fa mi re , fa re ;

mi re ut , mi ut.

Quartes en montant.

ut re mi fa , ut fa ; re mi fa fol ,

re fol ; mi fa fol la , mi la ; fa fol

la za, fa za; fol la fi ut, fol ut;

la fi ut re, la re ; fi ut re mi,

fi mi.

En defcendant.

mi re ut fi, mi fi ; re ut fi la,

re la; ut fi la fol , ut fol; za la

fol fa, za fa; la fol fa mi, la mi;

fol fa mi re, fol re ; fa mi re ut,

fa ut.

Quintes en montant.

ut re mi fa fol, ut fol; re mi

fa sol la, re la; mi fa sol la si,

mi si; fa sol la za ut, fa ut; sol la

si ut re, sol re; la si ut re mi,

la mi.

En descendant.

mi re ut si la, mi la; re ut si

la sol, re sol ; ut za la sol fa,

ut fa ; si la sol fa mi, si mi ; la

sol fa mi re , la re ; sol fa mi

re ut, sol ut.

Sixtes en montant.

ut re mi fa sol la, ut la; re mi

fa

fa fol la za, re za ; mi fa fol la

fi ut, mi ut ; fa fol la za ut re,

fa re ; fol la fi ut re mi, fol mi.

En defcendant.

mi re ut fi la fol, mi fol ; re

ut za la fol fa, re fa ; ut fi la fol

fa mi, ut mi ; za la fol fa mi re,

za re ; la fol fa mi re ut, la ut.

Il n'y a point de feptiéme au Plein Chant.

Oĉtaves en montant.

ut re mi fa fol la fi ut, ut ut.

C

En defcendant.

re ut fi la fol fa mi re, re re.

RE'PE'TITION

DES DIFFERENS INTERVALLES.

Tierces in montant.

ut mi, re fa, mi fol, fa la,

fol fi, la ut, fi re.

En defcendant.

re fi, ut la, fi fol, la fa,

fol mi, fa re, mi ut.

Quartes en montant.

ut fa, re fol, mi la, fa za,

fol ut, la re, fi mi.

En defcendant.

mi fi, re la, ut fol, za fa,

la mi, fol re, fa ut.

Quintes en montant.

ut fol, re la, mi fi, fa ut,

fol re, la mi.

En defcendant.

mi la, re fol, ut fa, fi mi,

la re, fol ut.

Sixtes en montant.

ut la, re za, mi ut, fa re,

fol mi.

En descendant.

mi sol, re fa, ut mi, za re,

la ut.

Octaves en montant.

ut ut, re re, mi mi.

En descendant.

re re, ut ut, mi mi.

Il faut chanter ces intervalles sans se presser, & sans apprendre les derniers, avant que de bien sçavoir les premiers.

ARTICLE III.

De la maniere de chanter les Notes avec la lettre.

IL n'y a qu'une chose à obſer-
ver, qui eſt de commencer à
joindre la lettre au ſon des Notes par des Antiennes qui n'ayent
qu'une Note à chaque ſyllabe,
& puis deux ou trois, &c. ſol-
fiant toujours la Note avant
que de chanter la lettre, & tâ-
chant d'avoir toujours dans l'eſ-
prit le ton de la Note, avant que
de la chanter.

Il faut chanter d'un ton plein,
ſec, déſerrant bien les dents, &
non du gozier, ou du nez, ne
point s'éſoufler, ſe preſſer, ni
faire des contorſions de la bou-

che, branler la tête, ou fe tenir d'une maniere indécente.

Tout ce qui fe chante eft de qu'un des huit tons qui ont chacun leur qualité, à fçavoir, le 1. Grave, le 2. Trifte, le 3. Myftique, le 4. Harmonieux, le 5. Joyeux, le 6. Devot, le 7. Angelique, & le 8. Parfait.

On les connoît par leurs finales, & dominantes.

EXEMPLE.

Finale. Dominante. Finale. Domin.

1 re	la	2 re	fa
3 mi	ut	4 mi	la
5 fa	ut	6 fa	la
7 fol	re	8 fol	ut

DIFFERENTES PIECES
DE CHANT,

Pour apprendre facilement ce nou-
veau Système.

INVITATOIRE.

Ho q di e fci e tis qui a ve ni et Do mi nus : * Et ma ne vi de bitis glo ri am e jus.

PSEAUME 94.

I. TON.

VE ni te ex ful te mus Do mi no, ju bi le mus De o fa lu ta ri no ftro : præ oc cu

C iiij

pe-mus- fa-ci-em e-jus in con-fes-si-o-ne, & in psal-mis ju-bi-le-mus e-i.

ANTIENNES.

I.

Re-ges ter-ræ & om-nes po-pu-li, lau-da-te De-um.

II.

Psal-li-te De-o nos-tro, psal-li-te : psal-li-te Re-gi no-stro, psal-li-te sa-pi-en-ter.

III.

Can-tan-ti-um im-pe-tus læ-ti-fi-cat, al-le-lu-ia : ci-vi-ta-tem De-i, al-le-lu-ia.

REPONS.

I.

DE-can-ta-bat- po-pu-lus Iſra-el-, al-le-lu-ia-, &- u-ni-ver-ſa-mul-ti-tu-do- Ja-cob- ca-ne-bat- le-gi-ti-me : * Et David cum- can-to-ri-bus ci-tha-ram- per-cu-ti-e-bat- in- do-mo- Do-mi-ni-, &- lau--des- De-o- ca-ne-bat-, al-le-lu-ia-, al-le-lu-ia-. ℣. San-cti-fi-ca-ti ſunt- er-go- ſa-cer-do-tes- &- le-vi-tæ- : & u-ni-ver-ſus- I-ſra-el- de-du-ce-bat- ar-cam- fœ-

de-eris- Do-emi.-ni-e in-e
ju-bi-lo-. * Et.

II.

PLa-te-æ tu-æ
Je-ru-fa-lem-
fter-nen-tur, au-ro mun-
-do-, al-le-lu-
-ia: & can-tar-
bir-tur, in- te-
can-ti-cum læ-ti-
-ti-æ, al-le-lu-ia :
* Et per omnes vi-cos
tu-os ab u-ni-ver-fis
di-ce-tur- , al-e-
le-lu-ia, al-le-
lu-ia. ℣. Lu-ce
fplen-di-da ful-ge-bis
& om-nes fi-nes ter-
ræ a-do-ra-bunt-
te-. * Et.

III.

HYmnum cantate nobis, alleluia; * Quomodo cantabimus canticum Domini in terra aliena, alleluia, alleluia. ℣. Illic interrogaverunt nos, qui captivos duxerunt nos, verba cantionum. * Quomodo.

INTROÏT.

VIctricem manum tuam, Domine, laudaverunt pariter pa-ri-

ter , al-le-lu-ia : qui-
a- fa-pi-en- ti-a a-pe-
ru-it os mu-
tum, & lin-guas in-fan-
ti-um fe-cit di-fer-
tas, al-le-lu-ia, al-le-
lu-ia. *Pf.* Can-ta-
te Do-mi-no can-ti-cum
no-vum : qui a mi-ra-
bi-li-a fe-cit.

GRADUEL.

Hæc di-es
est, quam fe-cit
Do-mi-nus :
ex-ul-te-
mus , &-
læ-te- mur in e-
a .
℣. La-pi-dem quem
re-pro-ba-ve-runt æ-di-fi-
can- tes ,

hic factus est in caput anguli: à Domino factum est istud, & est mirabile in oculis nostris.

Alleluya. 2. *fois.*

℣. Oportebat pati Christum, & resurgere à mortuis, & ita intrare in gloriam suam.

OFFERTOIRE.

INte totum nuit de coelo Dominus, &

Al-tis-si-mus de-
dit vo-cem su-
am, & ap-pa-ru-
e-runt fon-tes a-
qua-rum, al-le-
lu-ia.

COMMUNION.

SI con-sur-re-xi-
stis cum Chri-sto,
quæ sur-sum sunt quæ-
ri-te, u-bi Chri-stus
est dex-te-ram De-i se-
dens, al-le-lu-ia,
quæ sur-sum sunt sa-
pi-te, al-le-lu-
ia.

ANTIENNES.

I.

A-bra-ham Pa-ter ve-
ster ex-ul-ta-vit ut

vi-de-ret di-em me-um, vi-dit & ga-vi-sus est.

II.

Tu-le-runt la-pi-des Ju-dæi, ut ja-ce-rent in e-um : Je-sus au-tem ab-scon-dit se, & ex-i-vit de tem-plo.

III.

A-men, a-men di-co vo-bis : Si quis ser-mo-nem me-um se-va-ve-rit : mor-tem non gu-sta-bit in æ-ter-num.

IV.

Ar-gen-tum & au-rum non est mi-hi, quod au-tem ha-be-o, hoc ti-bi do.

REPONS.

I.

Circumdederunt me vi a ri men da
ces : si ne cau
sa flagel lis
cæci derunt me : * Sed tu Domine
defen sor vin
di ca me.
℣. Quoniam am
tri bu la ti o
pro xi ma est,
& non est qui ad
juvet. * Sed.

II.

Sicut cervus de
si derat ad
fontes aquarum
ita

i-ta de-
si-de-rat a-ni-ma me-a
ad te, De-us. ℣. Si-ti-vit a-ni-
ma me-a ad
De-um vi-vum : quan-do ve-
ni-am . & ap-pa-re-
bo an-te fa-
ci-em De-i. ℣. Fu-e-runt mi-hi la-
cry-mæ me-æ pa-nes di-e ac no-
cte, dum-
di-ci-tur mi-hi per
sin-gu-los di-es : U-bi est
De-us tu-us.

D

III.

CAn te mus Do mi no : glo ri o se enim ho no ri fi ca tus est , e quum & as cen so rem pro je cit in ma re : ad ju tor & pro te ctor fa ctus est mi hi in sa lu tem . ℣. Hic De us me us, & ho no ri fi ca bo e um : De us pa tris me di , & ex al ta bo e um . ℣. Do mi nus con te rens bel la : Do mi nus no men est il li.

IV.

TEm-pus- est ut- re-
ver- tar ad- e-
um qui- mi- sit-
me. * Vos au tem be ne-
di ci te- De-
um , & e nar ra- te om-
nia a a mi ra bi-
li-a e-
jus. ℣. Con fi te mi-
ni e i co-ram- om- ni-
bus , vi ven ti bus
qui a fe cit vo bis cum
mi se ri cor di am
su am* .

INTONATION
DES PSEAUMES.

On les entone ainsi aux Vêpres, Matines & Laudes seulement des Doubles.

I. TON.

PRi-mus Tolnus sicl in-cilpiltur, &l sicl meldil-altur : &l sicl ter mi-na tur.

2. Etl sicl ter mi-na tur.

3. Etl sicl ter mi-na tur.

4. Etl sicl ter mi-na tur.

5. Etl sicl ter mi-na tur.

6. Etl sicl ter mi-na tur.

7. Etl sicl terl mil na tur.

Aux Semidoubles, Simples, Fe-
ries, & aux petites Heures des
Doubles, on les entone tout droit
par la Dominante ainſi, excepté le
Magnificat & Benedictus.

Priſmus Toſnus, &c.

II. TON.

SEcun-dus To-nus- ſic-
in-ci-pi-tur- , &- ſic-
me-di-a-tur- : &- ſic- ter-
mi-na-tur.

Ma-gni- -fi-cat- , &c.

Be-ne- -di-ctus- Do-mi-
nus- De-us Iſ-ra-el-,&c.

III. TON.

TEr-tius Tonus ſic-
in-ci-pi-tur- , &- ſic-
me-di-a-tur : &- ſic- ter-
mi-na-tur.

2. Et sic terminatur.

3. Et sic terminatur.

4. Et sic terminatur.

Magnificat, &c.

IV. TON.

Quartus Tonus sic incipitur, & sic mediatur : & sic terminatur.

2. Et sic terminatur.

3. Et sic terminatur.

4. Et sic terminatur.

V. TON.

Quintus Tonus sic incipitur, & sic mediatur : & sic terminatur.

2. Et sic terminatur.

VI. TON.

SEx-tus Tonus sic incipitur, & sic mediatur : & sic terminatur.

VII. TON.

TOnus septimus sic incipitur, & sic mediatur : & sic terminatur.

2. Et sic terminatur.

3. Et sic terminatur.

4. Et sic terminatur.

5. Et sic terminatur.

D iiij

VIII. TON.

OCtavus Tonnus sic
incipitur, & sic
mediatur : & sic ter-
minatur.

2. Et sic terminatur.

Magnificata, &c.

I. TON.

IN exitu Israel de E-
gypto : Domus Jacob
de populo barbaro.

*S'il se trouve un monosyllabe ou
indéclinable à la médiante, on le
dit ainsi :*

Mandavit de te ; Ja-
cob ; Sion ; Israel ; Je-
rusalem.

Aux Intonations ordinaires, on

peut quelquefois subſtituer les ſui-
vantes.

II. TON.

SEcundus Tonus ſic
incipietur, & ſic me-
diaꝛtur : & ſic finiꝛtur.

IV. TON.

QUartus Tonus ſic in-
cipitur, & ſic me-
diaꝛtur : & ſic termi-
naꝛtur.

VI. TON.

SExtus Tonus ſic in-
cipietur, & ſic me-
diaꝛtur : & ſic termi-
naꝛtur, ou, Et ſic me-diaꝛ-
tur : & ſic finiꝛtur.

Et ex ſultauit ſpiritu-

tus-• me·lus·: in· De·ot· fa-·-
lu·ta·dri·· me·o-•.

APPROBATION.

J'Ai lû par ordre de Monſeigneur le Garde des Sceaux, *Un nouveau Syſtème de Plein Chant*, je n'y ai rien trouvé qui en doive empêcher l'impreſſion. Fait à Paris ce 13. Juin 1726.

FONTENELLE.

PRIVILEGE DU ROY.

L'OUIS PAR LA GRACE DE DIEU, ROY DE FRANCE ET DE NAVARRE: A nos amez & féaux Conſeillers, les Gens tenans nos Cours de Parlement, Maître des Requêtes ordinaires de notre Hôtel, Grand-Conſeil, Prevôt de Paris, Baillifs, Sénéchaux, leurs Lieutenans Civils, & autres nos Juſticiers qu'il appartiendra: SALUT. Notre bien amé M. *** Prêtre du Dioceſe de Geneve, dans notre partie de France, Nous a fait remontrer, que le Plein Chant qui eſt comme l'ame des Cérémonies de l'Egliſe eſt ſi difficile à apprendre ſelon les Méthodes qui ont paru juſqu'à preſent, que ceux même qui ſont obligez par leur état de le ſçavoir ne peuvent l'apprendre, ou du moins qu'avec beaucoup de peine & longues études, & ſi cher, que la plûpart ne peuvent en acheter les Livres; & voyant de quelle néceſſité le Chant eſt pour ſervir Dieu & honorer les Saints, & édifier le Public, il nous auroit en conſequence très-humblement fait ſupplier de lui accorder nos Lettres de Privilege & Permiſſion, pour faire imprimer & graver ſa nouvelle Méthode & toutes ſortes de Livres de Plein Chant ſelon ſon nouveau Syſtême y contenu dans la ſeconde partie, approuvée par Meſſieurs de l'Académie des Sciences le 5. Juin dernier, leſquels ils ont approuvé être ſans comparaiſon plus facile, plus courte & plus ſûre à apprendre & à mettre en pratique que tous ceux qui l'ont précedé, & vrai-ſemblablement que ceux que l'on pourroit inventer; offrant pour cet effet de la faire imprimer & graver en bon papier & beaux caracteres ſuivant la feuille imprimée & attachée pour modèle ſous le contre-ſcel des prefentes : A CES CAUSES voulant traiter favorablement ledit fieur Expofant, & reconnoître fon zele, en lui donnant les moyens de Nous les continuer, Nous lui avons permis & permettons par ces Prefentes, de faire imprimer ou graver ladite *Nouvelle Méthode*, *& toutes autres fortes de Livres de Plein Chant*, *felon le nouveau Syftème de fa nouvelle Méthode*, en un ou plufieurs volumes, conjointement ou féparément, & autant de fois que bon lui femblera fur papier & caractere conforme à ladite feuille imprimée & attachée pour modèle fous notredit contre-fcel, & de la faire vendre & débiter par tout notre Royaume pendant le temps de huit années confécutives, à compter du jour de la datte defdites Prefentes. Faifons défenfes à toutes fortes de perfonnes de quelque qualité & condition qu'elles foient d'en introduire d'impreffion étrangere dans aucun lieu de notre obéiffance : comme auffi à tous Imprimeurs, Libraires & autres, d'imprimer, faire imprimer ou graver, vendre, faire vendre, débiter ni contrefaire ladite nouvelle Méthode, & toutes autres fortes de Livres de Plein Chant felon le nouveau Syftême de fa nouvelle Méthode, en tout ni en partie, ni d'en faire aucuns Extraits, sous quelque prétexte que ce soit, d'augmentation, correction, changement de titre, même de gravûre, ou impression étrangere ou autrement, sans la permission expresse & par écrit dudit sieur Exposant, ou de ceux qui auront droit de lui, à peine de confiscation des Exemplaires contrefaits, de quinze cens livres d'amende contre chacun des contrevenans, dont un tiers à Nous, un tiers à l'Hôtel-Dieu de Paris, l'autre tiers audit sieur Exposant, & de tous dépens, dommages & interêts, à la charge que ces Presentes seront enregistrées tout au long sur le Registre de la Communauté des Imprimeurs & Libraires de Paris, & ce dans trois mois de la datte d'icelles ; que l'impression de ladite nouvelle Méthode sera faite dans notre Royaume, & non ailleurs, & que l'Impetrant se conformera en tout aux Reglemens de la Librairie, & notamment à celui du 10. Avril 1725 ; & qu'avant que de l'exposer en vente, le Manuscrit ou Imprimé qui aura servi de Copie à l'impression ou gravûre de ladite nouvelle Méthode, sera remis dans le même état où l'Approbation y aura été donnée ès mains de notre très-cher & féal Chevalier Garde des Sceaux de France, le Sieur FLEURIAU D'ARMENONVILLE, Commandeur de nos Ordres; & qu'il en sera ensuite remis deux Exemplaires dans notre Bibliotheque publique, un dans celle de notre Château du Louvre, & un dans celle de notre très-cher & féal Chevalier Garde des Sceaux de France, le sieur FLEURIAU D'ARMENONVILLE, Commandeur de nos Ordres; le tout à peine de nullité des Presentes : Du contenu desquelles vous mandons & enjoignons de faire jouir ledit sieur Exposant ou ses ayans cause, pleinement & paisiblement, sans souffrir qu'il leur soit fait aucun trouble ou empêchement. Voulons que la Copie desdites Presentes qui sera imprimée tout au long au commencement ou à la fin de ladite nouvelle Méthode, soit tenue pour dûement signifiée, & qu'aux Copies collationnées par l'un de nos amez & féaux Conseillers & Secretaires, foi soit ajoutée comme à l'original. Commandons au premier notre Huissier ou Sergent, de faire pour l'exécution d'icelles tous Actes requis & nécessaires, sans demander autre permission, & nonobstant clameur de Haro, Charte Normande, & Lettres à ce contraires : Car tel est notre plaisir. Donné à Paris le quatriém · jour du mois de Juillet, l'an de grace mil sept cent vingt-six, & de notre Regne le onziéme. Par le Roy en son Conseil.

CARPOT.

Registré sur le Registre VI. de la Chambre Royale & Syndicale de l'Imprimerie & Librairie de Paris, N°. 448, fol. 357, conformément au Reglement de 1723, qui fait défenses art. IV. à toutes personnes de quelque qualité qu'elles soient, autres que les Imprimeurs & Libraires, de vendre, débiter & faire afficher aucuns Livres pour les vendre en leurs noms, soit qu'ils s'en disent les Auteurs ou autrement, & à la charge de fournir les Exemplaires prescrits par l'article CVIII. du même Reglement. A Paris le 12. Juillet 1726.

Signé, D. MARIETTE, Syndic.

On trouve à Paris chez le même Libraire, le Breviaire Romain noté selon ce nouveau Syftême, & la Réponse à la Critique, dans laquelle font les Approbations de Messieurs de l'Académie Royale des Sciences, & des plus habiles Musiciens de Paris, & lesquelles auroient été trop longues à rapporter dans la presente Méthode.

Et à Lyon chez Plagniard, Marchand Libraire, dans la rue Merciere.